AF312738

CATALOGUE

DES

OBJETS D'ART

ET DE CURIOSITÉ

DE LA RENAISSANCE ET DU XVIIIe SIÈCLE

MATIÈRES DURES

BIJOUX, MINIATURES, BOITES

ÉVENTAILS

Cires, Buis, Ivoires, Émaux, Verres, Bronzes, Coffrets

PLAQUETTES ITALIENNES DU XVI SIÈCLE

TERRES CUITES ANTIQUES

CRISTAUX DE ROCHE, JADES, ÉMAUX CLOISONNÉS, PORCELAINES

DE LA CHINE ET DU JAPON

Provenant, en majeure partie, de la Collection d'un Amateur

ET DONT LA VENTE AURA LIEU

HOTEL DROUOT, SALLE N° 7

Les Mercredi 21 et Jeudi 22 Avril 1897

à deux heures

Me PAUL CHEVALLIER	MM. MANNHEIM PÈRE ET FILS
COMMISSAIRE-PRISEUR	EXPERTS
10, rue de la Grange-Batelière, 10	7, rue Saint-Georges, 7

EXPOSITION PUBLIQUE

Le Mardi 20 Avril 1897, de une heure et demie à cinq heures et demie

CONDITIONS DE LA VENTE

Elle sera faite *expressément* au comptant.

Les acquéreurs payeront *cinq pour cent* en sus des enchères.

L'exposition mettant le public à même de se rendre compte de l'état et de la nature des objets, aucune réclamation ne sera admise une fois l'adjudication prononcée.

Paris. — Imprimerie de l'Art, E. Moreau et Cie, 41, rue de la Victoire.

DÉSIGNATION DES OBJETS

MATIÈRES DURES

1 — Coupe, en forme de coquille et sur piédouche, en cristal de roche ; elle est ornée de rinceaux gravés ; une bague d'argent doré relie le piédouche à la pièce. XVI° siècle.

Haut., 7 cent.; larg., 11 cent.

(Vente L. de M.)

2 — Flacon piriforme, de style oriental, en cristal de roche creusé de cannelures ; garnitures d'argent émaillé et doré. XVI° siècle.

Haut., 23 cent.

3 — Bonbonnière oblongue, en cristal de roche, décorée en léger relief de motifs rocaille ; monture en or, enrichie de diamants. Époque Louis XV.

4 — Drageoir en cristal de roche ; monture en or, à charnière ; le bec du couvercle est formé d'un phénix exécuté au moyen d'une perle et de petites roses montées en argent.

5 — Petit vase ovoïde avec couvercle en cristal de roche, à décor de cannelures sur l'épaulement ; couvercle monté en or ; base en jaspe sanguin, garni d'or.

Haut., 10 cent.

Vente Lafaulotte.

6 — Coupe sur piédouche en cristal de roche ; la coupe est décorée de coquilles en relief, et la base, de feuillages gravés ; monture en argent émaillé. Travail allemand.

Haut., 19 cent.

7 — Coupe sur piédouche en jaspe sanguin uni ; monture composée d'une anse et de garnitures de pied et de base en argent enrichi de perles et de pierres de couleur.

Haut., 19 cent.

8 — Petite tasse en jaspe sanguin.

9 — Grande coupe ronde sur pied balustre et large base circulaire en spath-fluor.

Haut., 29 cent.

BIJOUX, OBJETS DE VITRINE

10 — Petite horloge de table, en argent fondu, ciselé et doré, en forme d'édicule circulaire, couvert d'un dôme orné de mascarons, contenant le cadran et soutenu par des cariatides ; le tout reposant sur une base composée de rinceaux : mouvement apparent de l'époque Renaissance, protégé par un cylindre en cristal.

Haut., 11 cent.

(Vente Bohler.)

11 — Très petite horloge en argent émaillé, à décor de figurines et de rinceaux et surmontée d'un aigle. Travail allemand.

12 — Montre en or de couleur ciselé, à feuillages présentant deux cadrans émaillés, l'un d'eux signé : *Gautrin* ; l'un des cadrans indique les heures, les quantièmes ainsi que les jours par les divinités qui y président ; l'autre, les mois, les phases de la lune et les signes du Zodiaque. XVIII siècle.

13 — Broche simulant un buste de négresse encadré de branches fleuries ; le tout exécuté en or et argent partiellement émaillés et enrichi de roses, de petites perles et de rubis. Époque Louis XIII.

Haut., 55 millim.; larg., 42 millim.

(Vente Lafauldotte.)

14 — Paire de boucles d'oreilles, de forme contournée avec rosaces centrales, en or partiellement émaillé et enrichi de petites perles. Ancien travail vénitien.

15 — Bijou-pendentif en or ajouré et partiellement émaillé, relié par trois chainettes à l'anneau de suspension et enrichi de petites perles. Ancien travail vénitien.

16 — Coffret oblong, à couvercle bombé, en filigrane d'argent enrichi de grenats. Travail vénitien. Poinçon portant la date 1581.

Long., 8 cent.

17 — Sablier en filigrane d'argent, en forme de dais oblong, à colonnettes-balustres. Ancien travail vénitien. Écrin en maroquin rouge, fleurdelisé, du XVIIIᵉ siècle.

Haut., 12 cent ; larg., 9 cent.

(Vente Jubinal.)

18 — Petit cadre vénitien, en argent ajouré, formé de rinceaux fleuris avec mascaron au fronton.

19 — Petit flacon à parfum, en forme d'oiseau, en argent.

20 — Couronne de Vierge en argent ajouré et doré, à décor de personnages, lions, têtes de chérubins et feuillages. Travail suédois du XVIIᵉ siècle.

MINIATURES

21 — Miniature rectangulaire sur cuivre : portrait de jeune homme vu en buste, presque de face, vêtu d'un pourpoint jaune, une collerette tuyautée au cou, et tenant, de la main droite, un médaillon sur lequel est peint un portrait de femme. Fin du XVIᵉ siècle. Cadre en cuivre.

Haut., 9 cent., larg., 7 cent.

(Vente Dupont-Auberville.)

22 — Miniature oblongue Louis XV : portrait présumé de Madame de Chastenay, vue à mi-corps, la tête tournée vers l'épaule droite, vétue d'un corsage décolleté et d'une jupe violette. Encadrée.

23 — Miniature, attribuée à *Klingstedt* : le clystère. Le revers du couvercle présente un miroir. Dans un écrin en galuchat.

(Vente Maze.)

24 — Miniature ronde : portrait de Voltaire ? vu en buste, de trois quarts, portant la perruque, et vêtu d'un habit bleu foncé. xviiie siècle. Encadrée.

(Vente Jubinal.)

25 — Miniature ovale : portrait d'enfant. Époque Louis XVI.

26 — Deux miniatures ovales : portrait de femme de profil, encadrée, et tête de femme de trois quarts.

27 — Trois miniatures, l'une ovale, les autres rondes : jeune femme écrivant, berger, et allégorie de l'amour en grisaille du xviiie siècle.

28 — Petite gouache rectangulaire : paysage animé de nombreux personnages, en costumes du xviiie siècle, avec chaise à porteurs, carrosses, animaux ; au fond, cours d'eau et collines. Cadre en bois sculpté et doré.

29 — Miniature ovale par *R. Theer* (Signée) : portrait de François II d'Autriche, vêtu de blanc avec parements d'or et plaques d'ordre. xviiie siècle.

30 — Miniature ovale : portrait de Joseph II d'Autriche, portant la cuirasse et un ruban d'ordre en sautoir. xviiie siècle.

31 — Miniature ovale : portrait de jeune homme en habit rouge et gilet jaune. xviiie siècle. Encadrée.

32 — Miniature ronde sur ivoire : portrait d'homme, presque de face, en buste, vêtu de noir, avec col blanc. Signée : *G. Perrey 1799.* Encadrée.

33 — Miniature ovale sur ivoire : portrait de jeune homme, en buste, de face, portant l'armure et la perruque Louis XIV. Encadrée.

34 — Miniature ovale par *Isabey* : portrait du roi Louis XVIII vu, en buste, de trois quarts. Signée. Encadrée.

35 — Petite miniature ovale : la porte Saint-Denis à Paris. Signée. Commencement du xix° siècle. Encadrée.

36 — Miniature par *F. de Lütgendorf* : le général Moreau sur son lit de mort. Signée. Commencement du xix° siècle.

BOITES

37 — Boîte ronde en ivoire sculpté : sur le couvercle, le Jugement de Pâris. Époque Louis XIV.

Vente Maze.

38 — Boîte oblongue en écaille blonde montée d'or à décor de personnages, animaux et rinceaux. Époque Régence.

(Vente Maze.

39 — Drageoir en écaille incrustée de burgau : sur le couvercle, paysage animé. Époque Régence.

40 — Drageoir Régence en ivoire sculpté : sur le couvercle, bas-relief à sujet de bacchanale ; monture en argent.

41 — Tabatière ovale en ivoire ajouré et sculpté : sur le couvercle, chasseresse et gibier ; au pourtour, scènes de chasse. Époque Régence.

42 — Boîte cylindrique décorée au vernis dit de Martin : sur le couvercle : bergère assise ; sur le pourtour et le dessous : paysages ; fond jaune chevronné. Époque Louis XV.

Vente Turgot.

43 — Boite ronde décorée, au vernis, de rayures concentriques sur fond blanc : le couvercle présente une petite miniature Louis XV : jeune femme et enfants.

44 — Tabatière oblongue en ancienne porcelaine de Saxe décorée, sur toutes ses faces, de vues de ports de mer avec encadrements dorés ; revers du couvercle présentant un sujet galant ; intérieur doré.

45 — Tabatière à deux tabacs en émail de Saxe, à fond blanc avec rehauts de dorure : décor de chevrons sur fond carrelé. Monture en argent. xviiie siècle.

46 — Tabatière oblongue en émail de Saxe, ornée, sur fond blanc, d'oiseaux, de fleurs et de rinceaux rocaille ; monture en argent. xviiie siècle.

47 — Boite ronde en écaille blonde, couvercle en verre orné d'un petit bas-relief en ivoire à sujet de jeunes bacchantes : le revers offre un rébus (Elle aime sans détours). Époque Louis XVI.

48 — Boite ronde en poudre d'écaille rayée noir et rouge avec incrustations d'or ; sur le couvercle, miniature Louis XVI : Jeune femme écrivant.

49 — Petite boite oblongue en ivoire ornée sur le couvercle d'une miniature offrant deux amours. Époque Louis XVI. Écrin en galuchat.

50 — Bonbonnière ronde en poudre d'écaille rayée vert et noir ; sur le couvercle, miniature Louis XVI : portrait d'homme, en habit marron, vu en buste, de trois quarts.

51 — Bonbonnière ronde en écaille brune ; sur le couvercle, miniature sur ivoire en grisaille de la fin du xviiie siècle : buste de femme, drapé à l'antique.

52 — Boite ronde en écaille brune, présentant sur le couvercle une miniature sur ivoire : portrait de Gluck, entourée des titres de ses opéras. xviiie siècle.

Vente Jubinal.)

53 — Boîte ronde en ivoire ; sur le couvercle, miniature sur ivoire : portrait de Joseph II, empereur d'Allemagne, vêtu d'un habit vert à col rouge. xviii° siècle.

54 — Boîte ronde en écaille blonde ; sur le couvercle, miniature du xviii° siècle présentant une corbeille de fruits.

Vente Maze.)

55 — Boîte ronde en écaille blonde posée or à étoiles ; sur le couvercle, petite gouache : vue de port de mer, du xviii° siècle.

Vente Maze.

56 — Tabatière ronde en écaille ; sur le couvercle : paysage animé exécuté en ivoire découpé et sculpté sur fond bleu ; encadrement d'acier. xviii° siècle.

Vente Maze.

57 — Boîte ronde en ivoire ; sur le couvercle, petit bas-relief en ivoire à sujet symbolique avec légende française. fond bleu. xviii° siècle.

Vente Maze.

58 — Boîte ronde en ivoire : sur le couvercle, petit bas-relief en ivoire : amour puisant de l'eau, avec rébus : fond de soie bleue. xviii° siècle.

59 — Bonbonnière ronde en argent partiellement niellé et doré de Toula sur le couvercle, effigie de Catherine, impératrice de Russie : le pourtour et le dessous sont décorés de personnages en costumes Louis XV. Travail russe.

Vente Lafaulotte.

60 — Bonbonnière ronde en porphyre rouge : sur le couvercle, miniature : portrait d'un pape.

61 — Bonbonnière ronde en porphyre gris, ornée sur le couvercle d'une mosaïque romaine : attributs de l'Amour.

62 — Petite boîte rectangulaire de forme haute, décorée au vernis : jeux d'enfants en grisaille sur fond orangé.

63 — Petite boîte carrée en agate mousseuse, montée en cuivre.

ÉVENTAILS

64 — Éventail du temps de Louis XV, à monture de nacre ajourée, peinte et dorée, à personnages et motifs rocaille ; feuille peinte : Vénus apportant à Énée les armes forgées par Vulcain.

65 — Éventail du temps de Louis XV, à monture de nacre dorée ; feuille peinte : le Jugement de Pâris.

66 — Éventail du temps de Louis XVI, à monture de nacre ; sur la feuille, réserve à sujet mythologique se détachant sur fond orné de médaillons et de rinceaux.

67 — Éventail à monture d'ivoire ajouré et doré à personnages et motifs quadrillés en forme de cœur ; feuille peinte à sujets champêtres, signée, au revers, *Dessau, 1786*; les panaches sont ornés de cadrans simulés. xviiie siècle.

68 — Éventail pliant du temps de Louis XVI, à monture d'ivoire doré ; feuille en étoffe à sujet galant, vase de fleurs, corbeille de fruits et attributs variés.

69 — Éventail du temps de Louis XVI, à monture d'ivoire offrant cinq amours sur les brins du milieu ; la feuille peinte présente une scène mythologique et des médaillons de fruits.

ANTIQUES

70 — Figurine de femme debout en terre cuite antique de Tanagra.

(*Vente Gréau.*)

71 — Figurine de femme debout, le bras gauche levé, en terre cuite antique de Tanagra. Base ornée de bronzes.

72 — Très petit masque en terre cuite antique.

(*Vente Gréau.*)

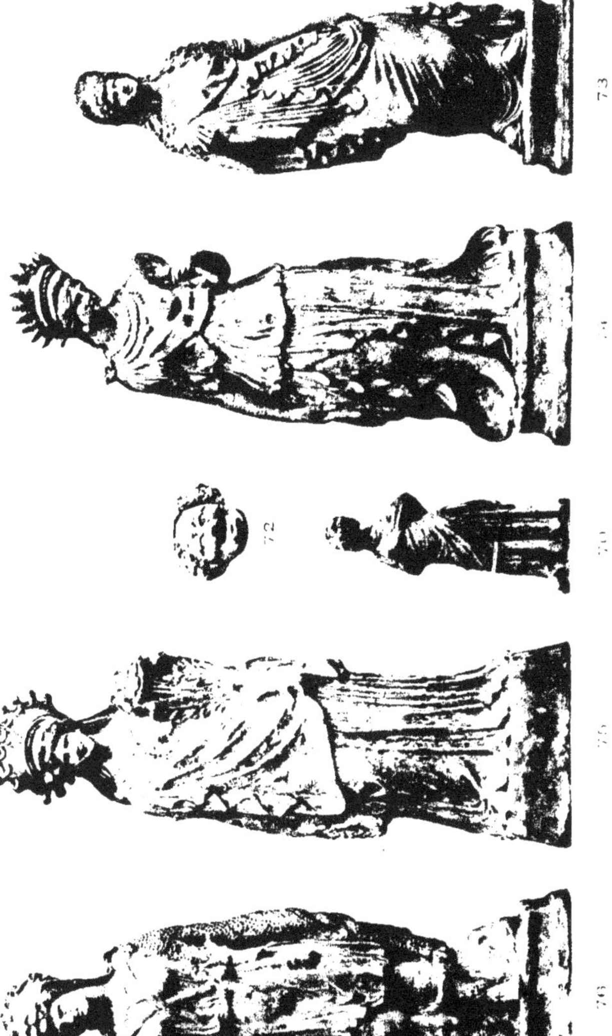
73
74
72
71
75
76

73 — Statuette en terre cuite : Minerve debout, drapée dans un ample vêtement, les cheveux retombant en nattes sur les épaules et tenant un hibou dans la main droite. Myrrhina.

Haut., 33 cent.

74 — Autre statuette : femme debout, coiffée d'un diadème, parée d'un collier et vêtue d'une étoffe drapée laissant un sein à découvert ; elle tient un miroir où elle s'admire.

Haut., 37 cent.

75 — Autre statuette : Cérès debout, un diadème dans les cheveux, vêtue d'une étoffe drapée à nombreux plis et tenant une corne d'abondance.

Haut., 38 cent.

76 — Autre statuette : Atalante coiffée d'une peau de lion et portant la dépouille du sanglier de Calydon.

Haut., 37 cent.

77 — Vase à deux anses en terre vernissée antique de la Basilicate, à décor de personnages.

78 — Vase conique à anses en terre vernissée de la Basilicate, à décor de guirlandes de feuillages.

79 — Coupe en verre irisé antique : trouvée à Pompéi. Pied en cuivre.

(*Ventes Fould et Lafaulotte.*

80 — Verre irisé antique.

81 — Petite bouteille en verre blanc antique.

82 — Deux pièces : Scarabée et très petite figurine de divinité émaillée garnie d'or. Travail égyptien antique.

CIRES, BUIS, IVOIRES

83 — Bas-relief en cire de couleur : Henri IV et sa famille dans un char traîné par deux chevaux et escorté par des gardes ; le char est au chiffre du roi et aux armes de France. Cadre au chiffre du roi. Commencement du xvii° siècle.

Haut., 11 cent. ; larg., 21 cent.

(Vente Odiot.)

84 — Bas-relief en cire de couleur sur fond de pâte polychrome : l'adoration des Bergers. Cadre en bois doré. Travail italien. xvi° siècle.

Hauteur totale, 45 cent ; larg., 34 cent.

85 — Bas-relief en cire recouverte d'une feuille d'argent : buste du Christ, fond de verre. Travail italien. xvii° siècle. Encadré.

86 — Escarcelle en buis sculpté à décor d'anges, de rosaces et de feuillages avec inscriptions latines en caractères gothiques. Traces de peintures. France. xv° siècle.

Larg., 17 cent.

(Vente Odiot.)

87 — Groupe en buis représentant deux femmes nues luttant. xvi° siècle.

Haut., 24 cent.

(Vente du château de Langeais.)

88 — Deux petits groupes en buis sculpté, formés chacun de deux personnages, sujets allégoriques : la jeunesse et la vieillesse, la force et la faiblesse. Allemagne. xvi° siècle.

Haut., 9 cent.

89 — Petit bas-relief en buis sculpté : Caïn tuant Abel. Fin du xvi° siècle. Encadré.

90 — Deux médaillons en buis sculpté : bustes de *Larx Kreler* et de sa femme *Elisabet Krelerin*. Ils portent la date de 1520.

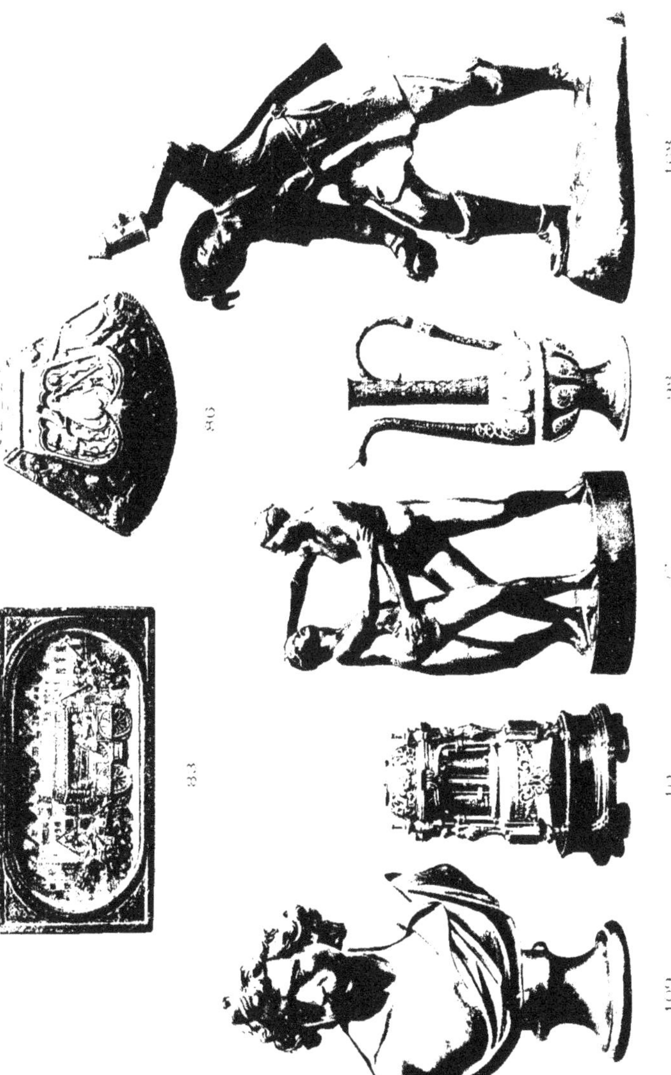

91 — Bas-relief en ivoire, de travail allemand du xvi° siècle, à sujet de
bacchanale ; personnages en costumes du temps, riant et faisant de la
musique. Encadré.

Haut., 6 cent.; larg., 8 cent.

92 — Vidrecome en ivoire sculpté, à sujets tirés de la légende de Bacchus,
composition de nombreux personnages. Travail allemand. xvii° siècle.

Haut., 16 cent.; diam., 15 cent.

93 — Deux figurines en ivoire : l'Été et l'Automne, sous les traits d'enfants à demi nus, couronnés de fleurs et de pampres et portant dans
leur chemisette, l'un des roses, l'autre des grappes de raisin. Flandres.
xvii° siècle.

Haut., 16 cent.

94 — Petit groupe en ivoire sculpté : la Vierge assise sur une nuée et en
prières devant l'enfant Jésus. xvii° siècle. Socle en bois noir orné de
bas-reliefs en ivoire. Contre-socle en bois doré.

Hauteur du groupe, 11 cent.

95 — Tabatière de forme allongée en ivoire sculpté offrant le buste de
Louis XIV, les armes de France et un trophée d'armes ; monture en
argent. Commencement du xviii° siècle.

96 — Amorçoir circulaire en ivoire, présentant sur chaque face un buste
en bas-relief de Napoléon Ier. Monture en cuivre.

97 — Triptyque en os sculpté et partiellement peint et doré : il présente
en bas-relief huit scènes tirées de la vie du Christ et disposées sous
des arceaux de style gothique flamboyant ; à la partie supérieure des
volets, deux anges tiennent chacun un écusson armorié.

ÉMAUX, VERRES

98 — Buire en émail peint à panse godronnée, long déversoir, anse et
piédouche, décorée de fleurons et d'imbrications dorés sur fonds blanc,
bleu et vert. Travail vénitien du xvi° siècle.

Haut., 18 cent.

Vente Lafaulotte.)

99 — Coupe ronde en émail peint de Limoges, par *J. Laudin*, xviie siècle ; au fond, un lion dompté par l'amour, chute et revers ornés de fleurs. Écrin en maroquin rouge fleurdelisé du xviiie siècle.

Diam., 14 cent.

(Vente Jubinal.)

100 — Coupe oblongue en émail peint de Limoges, xviie siècle ; au fond, personnages faisant de la musique.

Long., 12 cent.

(Vente Jubinal.)

101 — Grande coupe ronde, à bords renversés, en verre émaillé, à décor de bustes, cavaliers et feuillages. Travail de Barcelone. xvie siècle.

Diam., 38 cent.

(Vente Stein.)

102 — Coupe en verre incolore godronné avec bordure dorée et à fond d'émail blanc. Venise. xvie siècle. Écrin en cuir noir du temps.

103 — Verre cylindrique à décor de filets blancs et rouges entrelacés. Venise. xvie siècle.

104 — Petite buire à anse contournée, en verre, à décor d'ondulations blanches. Venise. xvie siècle.

105 — Coupe à anse, en verre craquelé. Venise.

106 — Petit vase sur piédouche, en verre incolore, à décor de godrons et de mascarons, avec filets bleus. Venise. xvie siècle.

107 — Flacon ovoïde et sur piédouche, en verre incolore, à décor de fleurs émaillées polychromes. Ancien travail allemand.

BRONZES, COFFRETS

108 — Statuette en bronze à patine brune : le Chasseur nocturne ; coiffé d'une toque à plumes, vêtu d'une tunique, chaussé de gros souliers, il s'éclaire d'une lanterne qu'il tient au dessus de sa tête, tandis que,

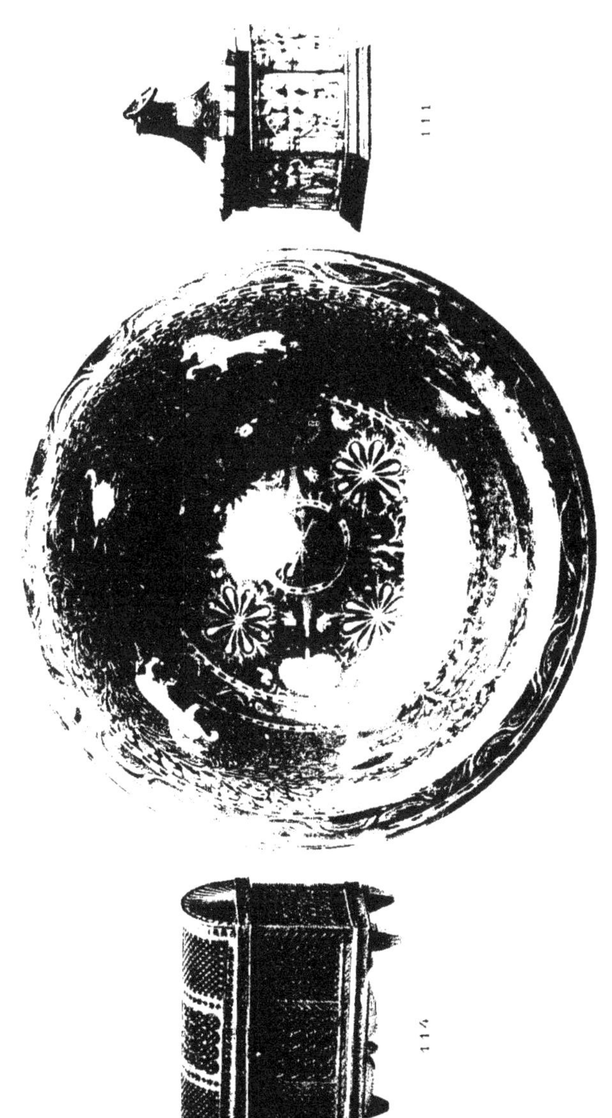

de la main droite, il se prépare à lancer une pierre. Travail florentin.
XVIe siècle. Un exemplaire semblable figure au musée du Bargello, à
Florence, où il est attribué à Susini, fondeur de l'école de Jean de
Bologne.

Haut., 35 cent.

109 — Petit buste en bronze à patine verdâtre : jeune homme, portant les
cheveux longs et la moustache, la tête légèrement tournée vers l'épaule
droite, une draperie lui couvrant le sein gauche. XVIIe siècle. Base en
bronze.

Hauteur totale, 25 cent.

110 — Petit buste d'homme en bronze à patine brune, Sénèque (?), d'après
l'antique. Italie. XVIe siècle. Socle en bois noir.

Haut., 11 cent.

111 — Coffret hexagonal en marqueterie de bois et d'ivoire dite certosina :
pourtour orné de bas-relief en os à sujets tirés de romans. Travail
vénitien du XIVe siècle.

Haut. 15 cent.

Vente Lafaulotte.

112 — Coffret oblong à couvercle plat, en ivoire, avec pentures et
anneaux de cuivre doré. XVe siècle.

Long., 12 cent.

113 — Cassette oblongue, à couvercle bombé, en écaille : monture en
cuivre gravé et doré à décor de fleurons, fleurs et têtes de chérubins.
France. Époque Louis XIII.

Vente Lafaulotte.

114 — Coffret oblong à couvercle bombé, en bois ajouré, à décor de motifs réguliers. Travail du Jura. XVIIe siècle.

Haut., 11 cent.; long., 15 cent.

Vente Lafaulotte.

115 — Coffret oblong, à couvercle bombé, plaqué d'écaille et clouté
d'argent ; cariatides d'angle, poignées et pieds griffes en argent.
XVIIe siècle.

Haut., 9 cent.; long., 14 cent.

PLAQUETTES

116 — *Mort de Laocoon et de ses enfants.*

Médaillon. Enseigne de chapeau. Bronze doré. Imitation du groupe du Belvédère. Italie. xvie siècle. Molinier, I, 34.

Diam., 40 millim.

117 — *Minerve.*

La déesse est vue en buste et de profil à droite ; l'égide couvre sa poitrine ; ses cheveux longs flottent sur ses épaules ; sur son casque à cimier en forme de dauphin, on voit un triton jouant de la trompe.
Bronze ovale. Italie. xve siècle. Molinier, I, 43.

Grand diamètre, 39 millim.
Petit diamètre, 30 millim.

118 — *Tête d'Hercule.*

De profil à droite, barbu, couronné de chêne. Au bord, un grenétis. R. Hercule, vêtu à l'antique, reçoit la robe de Nessus que lui présente Hylas, représenté sous les traits d'un guerrier.
En exergue, le monogramme : H B et un aigle.
Médaille. Bronze. Molinier, I, 48.

Diam., 39 millim.

119 — *Tête d'Hercule.*

De profil à droite, barbu, couronné de chêne. R. Phaéton tombé du char d'Apollon, et les signes du Zodiaque.
Médaille. Bronze. Italie. Fin du xvie siècle.
Pour le droit, Molinier, I, 48.

Diam., 40 millim.

120 — *Jeux d'amours.*

A gauche, un petit amour en soutient un autre qui tombe à la renverse à la vue d'un masque barbu dont est coiffé un de ses compagnons. A droite, deux autres amours.
Plaque de coffret. Bronze. École de Donatello. Molinier, I, 79.

Haut., 45 millim.; larg., 83 millim.

121 — *Un Triomphe*.

Le triomphateur, debout, nu, est représenté de face, sur un char
traîné par deux chevaux tenus par la bride par deux hommes.

Bronze, par Agostino di Duccio. XVe siècle. Molinier, I, 84.

Haut., 41 millim.; larg , 45 millim.

122 — *Bacchante endormie et satyres*.

A gauche on voit une femme endormie, la tête appuyée dans la
main droite. Près d'elle sont deux enfants ; deux satyres soulèvent la
draperie qui la couvre.

Médaillon rond. Bronze, par Fra Antonio da Brescia. Fin du
XVe siècle. Molinier. I, 122.

Diam., 52 millim.

123 — *Ariadne dans l'île de Naxos*.

Au centre, Ariadne assise et demi-nue, tenant un flambeau renversé ; auprès d'elle, des bacchants et des bacchantes. En exergue : la
signature IO. F. F.

Médaillon. Bronze, par Giovanni delle Corniole. Fin du XVe siècle.
Molinier, I, 130.

Diam , 47 millim.

124 — *Le Jugement de Pâris*.

A gauche. Pâris nu, assis sous un arbre, offre la pomme à Vénus
demi-nue qui s'avance pour la recevoir : derrière elle. Junon et
Minerve, armée d'un bouclier et d'une lance. L'Amour voltige au dessus de Vénus.

Médaillon rond. Bronze, par Giovanni delle Corniole. Fin du
XVe siècle. Molinier, I, 134.

Diam , 55 millim.

125 — *Le Jugement de Pâris*.

A gauche Pâris nu, assis sous un arbre. offre la pomme à Vénus,
demi-nue, qui s'avance pour la recevoir. Derrière elle, Junon et
Minerve. En exergue, la signature : IO. F. F.

Médaillon. Bronze doré, par Giovanni delle Corniole. Fin du
XVe siècle. Molinier, I, 134.

Diam , 54 millim

126 — *Scène maritime.*

Sur le rivage de la mer on voit près d'un rocher deux hommes dépouillant leurs vêtements ; à gauche, un pêcheur. Au fond une barque.

Médaillon. Bronze, par Caradosso Foppa. Fin du xve siècle. Molinier, I, 153.

Diam., 56 millim.

127 — *La Présentation au temple.*

Dans un édifice voûté on voit, au centre, un autel ; à droite la Vierge, debout, présente Jésus à Siméon. A terre, trois petits chiens.

Bronze, par Moderno. Fin du xve siècle. Molinier, I, 169.

Haut., 110 millim.; larg., 74 millim.

128 — *La Crucifixion.*

Le Christ est cloué à la croix, entre les deux larrons ; la Madeleine, les cheveux épars, entoure de ses deux bras le bois de la croix. A gauche, la Vierge évanouie. Nombreux autres personnages.

Bronze doré, par Moderno. Fin du xve siècle. Molinier, I, 171.

Haut., 120 millim.; larg., 87 millim.

129 — *Mars et la Victoire.*

La Victoire, nue, ailée, tient dans la main droite une palme ; Mars lui a saisi le bras et l'entraine.

Métal de cloche, par Moderno. Fin du xve siècle. Molinier, I, 186.

Haut., 67 millim.; larg., 53 millim.

130 — *La Chute de Phaéton.*

Le fils d'Apollon vient de toucher la terre ; il est représenté nu et renversé au milieu des débris de son char ; un de ses chevaux est tombé près de lui ; les trois autres se cabrent et secouent leurs longues crinières frisées.

Médaillon. Bronze, par Moderno. Fin du xve siècle. Molinier, I, 191.

Diam., 104 millim.

131 — *Hercule et le lion de Némée.*

Hercule nu et debout, de profil à gauche, la jambe droite portée en avant, légèrement penché, presse, de ses deux bras, la tête du lion contre sa poitrine. Derrière lui, à un arbre, sont pendus un carquois et un arc.

Bronze, par Moderno. Fin du xvᵉ siècle. Molinier, I, 199.

Haut., 77 millim.; larg., 57 millim.

132 — L'Enlèvement de Déjanire.

Le centaure marchant vers la gauche retient Déjanire sur sa croupe.
Médaillon rond. Plomb, par Moderno. Fin du xvᵉ siècle. Molinier, I, 205.

Diam., 46 millim.

133 — Descente d'Orphée aux enfers.

Orphée, vu de dos, s'avance en jouant du violon vers l'entrée des enfers; à gauche et à droite, des démons.
Médaillon. Bronze, par Moderno. Fin du xvᵉ siècle. Molinier, I, 207.

Diam., 103 millim.

134 — Un Combat.

Un cavalier, coiffé d'un casque, portant au bras gauche un bouclier hexagone, lance son cheval au galop vers la droite. Sous son cheval on voit deux hommes et un cheval renversés.
Bronze, par Moderno. Fin du xvᵉ siècle. Molinier, I, 215.

Haut., 43 millim.; larg., 53 millim.

135 — La Mise au tombeau.

Au centre, le Christ assis sur le tombeau, soutenu par la Vierge et un personnage barbu. Auprès d'eux, de saints personnages.
En exergue, la signature : VALERIVS DE BELLIS VICEN. F.
Médaillon ovale. Bronze doré, par Valerio Belli. Fin du xvᵉ siècle. Molinier, I, 277.

Grand diamètre, 90 millim.
Petit diamètre, 82 millim.

136 — Le Jugement de Pâris. Un Tribunal.

Scènes séparées par des pilastres.
Plaque de coffret. Bronze, par Valerio Belli. Fin du xvᵉ siècle. Molinier, I, 297 et 311.

Haut., 69 millim.; larg., 111 millim.

137 — *La Chute de Phaéton.*

Dans le haut de la composition, le char du Soleil renversé ; Phaéton et les quatre chevaux sont précipités la tête en bas vers la terre. En bas, à gauche, le fleuve Éridan couché, appuyé sur son urne ; à droite, trois nymphes transformées en peupliers.

Médaillon rond. Bronze, par Giovanni Bernardi de Castelbolognese. xvie siècle. Molinier, II, 327.

Diam., 51 millim.

138 — *La Chute de Phaéton.*

Dans le haut de la composition, le char du Soleil renversé ; en bas, le fleuve Éridan et trois nymphes métamorphosées en peupliers.

Médaillon ovale. Bronze, de Giovanni Bernardi de Castelbolognese. Molinier, II, 327.

Grand diam., 91 millim.
Petit diam., 68 millim.

139 — *Vulcain forgeant les armes d'Énée.*

A droite, Vulcain nu et assis forge un casque sur une enclume. Au centre, Vénus debout, nue et ailée, tenant devant elle un bouclier rond qu'elle donne à un homme nu marchant vers la gauche. Au premier plan, deux chevaux.

Médaillon rond. Bronze. École de Padoue. Fin du xve siècle. Molinier, II, 403.

Diam., 68 millim.

140 — *Deux centaures.*

De chaque côté d'une couronne formée de deux cornes d'abondance on voit un centaure portant une femme en croupe. L'un des centaures est barbu et sous ses pieds, à terre, est un violon ; près de l'autre, imberbe, se trouve une flûte de Pan.

Plaque de coffret. Bronze. École de Padoue. Fin du xve siècle. Molinier, II, 412.

Au centre, a été rapporté un médaillon en bronze doré du xvie siècle présentant une tête d'Hercule d'après l'antique.

Haut., 57 millim.; larg., 180 millim.

141 — *Faustine.*

Buste de femme, de face, les cheveux noués sur le haut du front :

elle est vêtue d'une tunique agrafée sur l'épaule droite. Légende : DIVA FAVSTINA. R'. Un triomphe romain. Légende : SENATVS POP . IIS ., et, sur un bouclier, la lettre M.

Médaille. Bronze. Italie. Commencement du XVI° siècle. Molinier, I, 516 et 640.

Diam., 30 millim.

142 — *La Vierge et l'Enfant Jésus entourés de saints et de saintes.*

Au centre, la Vierge assise sur un trône présente l'Enfant Jésus à l'adoration de deux saintes ; saint Benoît et saint François se tiennent debout aux deux côtés du trône sur la marche duquel se voit un écu.

Baiser de paix. Bronze. Italie. XV° siècle. Molinier, II, 547.

Haut., 123 millim. ; larg., 82 millim.

143 — *La Mise au tombeau.*

Deux anges vêtus de longues tuniques soutiennent le Christ assis sur le bord du tombeau. A gauche, saint Jean ; à droite, la Vierge ; au fond, le Calvaire.

Plomb, cintré par le haut. Italie. XV° siècle. Molinier, II, 566.

Haut., 91 millim.; larg., 60 millim.

144 — *Un combat.*

Au centre, deux cavaliers au galop chargent des fantassins nus ; au fond, une ville.

Médaillon rond. Bronze. Italie. Commencement du XVI° siècle. Molinier, II, 634.

Diam., 54 millim.

145 — *Triomphe de la Religion.*

Sur un char traîné par deux chevaux est assise la Religion ; près d'elle marchent la Charité et la Foi ; au second plan, on voit l'Espérance et, au fond, on aperçoit des habitations.

Bronze. Italie. XVI° siècle. Molinier, II, 663.

Haut., 64 millim ; larg., 123 millim.

146 — *Triomphe de la Pauvreté*.

Sur un char d'osier on voit trois femmes assises, accompagnées d'inscriptions explicatives.

INOPIA, VMI (litas), TIM (or) ; au premier plan, près du char, marchent des femmes.

Bronze. Italie. XVIe siècle. Molinier, II, 664.

Haut., 62 millim.; larg., 120 millim.

147 — *Légende du roi de Mercie*.

A gauche, le roi, étendu à terre ; devant lui, se tiennent debout les trois filles de Guillaume d'Albanac, lequel est figuré à gauche, dans le ciel.

Médaillon. Bronze. Allemagne. Fin du XVe siècle. Molinier, II, 712.

Diam., 51 millim.

148 — *Scipion*.

Il est assis, à droite, près d'un monument ; des soldats lui amènent une femme.

Médaillon ovale. Bronze. Italie. Fin du XVe siècle.

Grand diamètre, 48 millim.
Petit diamètre, 35 millim.

149 — *La Vierge et l'Enfant Jésus*.

Debout, ayant l'Enfant Jésus près d'elle, la Vierge se tient sous une niche placée entre deux pilastres et surmontée d'un fronton.

Plaque découpée à la partie supérieure.

Bronze. Italie. XVIe siècle.

Haut., 65 millim.; larg., 37 millim.

150 — *Pieta*.

La Vierge, debout, tient la tête du Christ étendu à terre sur un linceul ; à droite, un groupe de sept personnages en prières ; au fond, le calvaire.

Bronze. Italie. XVIe siècle. Provenant de la collection du baron de Monville.

Haut., 120 millim.; larg , 71 millim.

151 — *Lysandre, général lacédémonien.*

De profil à droite, barbu. Légende : ΛΥΣΑΝΔΡΟΣ ΛΑΚΩΝΟΣ. ℞ Le char de la Victoire. Légende : ΝΙΚΗ ΣΩΤΗΡ.
Médaille. Bronze. Italie. xvie siècle.

Diam., 28 millim.

152 — *Barberousse II (Khaïr-Eddyn), 1476-1545.*

De profil à droite, coiffé du turban. Légende : BARBAROSSA. ℞ Légende en arabe.
Médaille. Bronze. Italie. xvie siècle.

Diam., 25 millim.

153 — *La Descente de croix.*

Le Christ est étendu soutenu par les saintes femmes ; auprès d'eux, d'autres personnages ; au premier plan, à terre, la couronne d'épines et un des clous ; au fond, l'échelle dressée contre la croix. Bordure de grénetis.
Médaillon rond. Bronze. xvie siècle.

Diam., 99 millim.

154 — *Un Triomphe.*

Deux personnages se tiennent sous un dais, sur un char traîné par quatre chevaux ; auprès du char, des cavaliers. A gauche, deux piétons et un arbre.
Médaillon ovale. Bronze. xvie siècle.

Grand diamètre, 85 millim.
Petit diamètre, 67 millim.

155 — *Diane chassant Callisto.*

A droite, la déesse debout, le bras droit étendu ; en face d'elle, Callisto saisie par une des suivantes de Diane.
Médaillon ovale. Bronze. Italie. xvie siècle.

Grand diamètre, 90 millim.
Petit diamètre, 81 millim.

156 — *La Mort de Pirame.*

Pirame est étendu à terre, transpercé de l'épée.
Légende : AMORMACC... DE PIRAMO.
Médaillon rond. Bronze. Italie. xvie siècle.

Diam., 42 millim.

157 — *Alexandre le Grand, roi de Macédoine.*

Tête casquée de profil. Légende : ΑΛΕΞΑΝΔΡΟΣ ΔΙΟΣ. ℞ Char triomphal traîné par des éléphants. Légende : ΠΕΡΣΙΣ ΜΑΘΕΙΣΑ.
Médaille. Bronze doré. Italie. xvıᵉ siècle. Imitation de l'antique.

Diam., 35 millim.

158 — *Pompée.*

De profil à gauche, en buste. Légende : PONPEO.
Médaillon ovale. Bronze. Italie. xvıᵉ siècle. Imitation de l'antique.

Grand diamètre, 67 millim.
Petit diamètre, 45 millim.

159 — *Minerve.*

De profil à droite, la déesse est vue en buste, coiffée d'un casque orné d'une chimère ; une draperie lui couvre l'épaule gauche et est retenue par un médaillon présentant le sujet d'Hercule et le lion.
Médaillon ovale. Bronze. Italie. xvıᵉ siècle. Imitation de l'antique.

Grand diamètre, 74 millim.
Petit diamètre, 56 millim.

160 — *Hercule.*

En buste, de profil à droite, barbu, les épaules nues.
Médaillon ovale. Bronze. Imitation de l'antique. Italie. xvıᵉ siècle.

Grand diamètre, 36 millim.
Petit diamètre, 29 millim.

161 — *L'Amour et un cygne.*

Sur une nuée, l'Amour tient un cygne dans ses bras.
Médaillon ovale. Bronze. xvııᵉ siècle.

Grand diamètre, 62 millim.
Petit diamètre, 48 millim.

162 — *Suzanne et les Vieillards.*

Nue, les pieds dans l'eau, Suzanne est debout entre les vieillards.
Médaillon rond. Bronze. xvııᵉ siècle.

Diam., 60 millim.

163 — *L'Amour et Psyché.*

Psyché, presque nue, est agenouillée devant l'Amour qui fait le geste de commander le silence.
Médaillon. Bronze. xvıııᵉ siècle.

Diam., 80 millim.

164 — *Tête d'homme.*

De profil à droite, il est représenté la tête levée, la bouche ouverte, tirant la langue.
Médaillon. Bronze.

Diam., 55 millim.

165 — *Néron.*

De profil à droite, tête laurée. Légende : NERO . CLAVD . CAESAR . AVG . GERPMTRP . IMPPP. R' Figures symboliques. Légende : ANNONA . AVGVSTI . CERES . SC.
Médaillon. Argent. Imitation de l'antique.

Diam., 39 millim.

166 — *Didon, reine de Carthage.*

De profil à droite, en buste, les cheveux en partie nattés, en partie flottants. Légende : ΔΙΔΩ. ΒΑΣΙΛΙΣΣΑ. R' Vue d'une ville.
Médaille. Bronze. Imitation de l'antique.

Diam , 15 millim.

167 — *Tête de femme de profil à gauche.*

Légende : ΣΥΡΑΚΟΣΙΩΝ. R' Char de l'Aurore, et trophées d'armes.
Médaille. Bronze. Imitation d'une monnaie antique.

Diam., 42 millim.

168 — *Sélène.*

Vu à mi-corps, de profil à droite, couronné de chêne, les oreilles pointues, la barbe frisée ; sa main droite tient une amphore : la gauche est levée ; derrière lui, la dépouille d'un bouc et un thyrse.
Médaillon ovale. Bronze. Imitation de l'antique.

Grand diamètre, 108 millim.
Petit diamètre, 81 millim.

169 — *Adrien VI (Adrien Florent) pape, 1522-1523.*

De profil, à gauche, vêtu des habits pontificaux : de chaque côté de la tête, un écusson armorié. Légende : M. ADRIEN, VAN, BOEYNS .... VTRECHT .....
Médaillon. Métal de cloche. XVI⁰ siècle.

Diam., 80 millim.

OBJETS DE L'EXTRÈME-ORIENT
ET DE L'ORIENT
CRISTAUX DE ROCHE, JADES, PORCELAINES, ETC.

170 — Petit vase-balustre plat avec son couvercle en cristal de roche, à décor d'arbustes en léger relief sur la face antérieure ; les côtés sont ornés de mascarons chimériques ; socle en bois. Chine.

Haut., 14 cent.

171 — Pitong en cristal de roche simulant un tronc d'arbre avec branchages en relief et ronde-bosse. Chine. Socle en bois.

Haut., 13 cent.

172 — Vase-balustre à pans sur base oblongue en cristal de roche uni ; anses contournées prises dans la masse ; petit couvercle en bois ajouré. Chine.

Haut., 16 cent.

173 — Petite coupe affectant la forme d'une feuille d'eau avec nervures gravées et branchages en relief ; cristal de roche. Socle en bois. Chine.

Larg., 10 cent.

174 — Flacon aspersoir en cristal de roche, décoré, sur la panse sphérique, de branches fleuries en couleurs et dorure et, sur le col, de motifs réguliers en léger relief. Travail oriental.

Haut., 17 cent.

175 — Deux coupes rondes à revers lobé en jade vert de la Chine. Socle en bois dur.

176 — Deux bols avec couvercles en jade blanc de la Chine.

177 — Bol en jade vert olive de la Chine gravé extérieurement et doré, de style indien.

178 — Petite tasse avec soucoupe en agate mamelonnée. Chine.

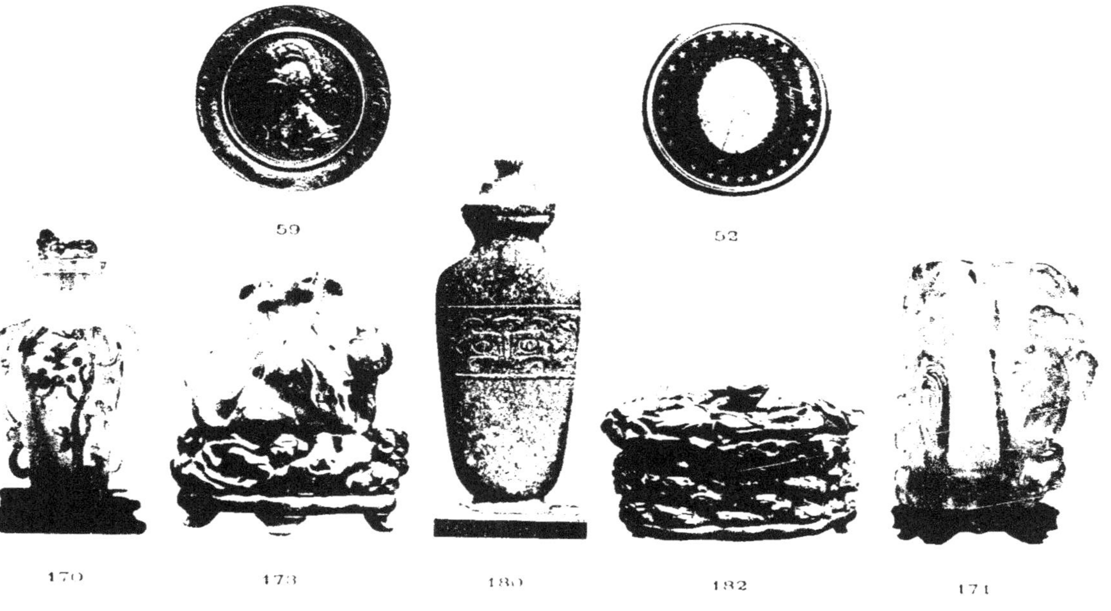

59
52
170
173
180
182
171

179 — Porte-fleurs en cornaline en forme de fruit avec branchages en relief et pris dans la masse. Socle en bois. Chine.

Hauteur totale. 12 cent.

180 — Vase-balustre plat avec son couvercle en lapis, décoré d'une zone de motifs irréguliers en léger relief. Chine. Base en bois.

Haut., 17 cent.

(Vente Lafaulotte.

181 — Aiguière à anse et couvercle en pierre de lard sculptée, à décor de branches fleuries dans des médaillons lobés. Chine.

Haut., 24 cent.

Vente du château de Langeais.

182 — Coupe de forme irrégulière en ambre simulant une feuille d'eau avec branchages en relief. Socle en bois. Ancien travail chinois.

Larg., 12 cent.

(Vente Lafaulotte.)

183 — Petite pagode hexagonale en bronze doré, couverte d'un double toit et entourée d'une galerie avec balustrade ; base en jade blanc et vert émeraude. Socle en bois. Chine.

Haut., 21 cent.

Provenant du Palais d'Été.)

184 — Coupe ronde en ancien émail cloisonné de la Chine, à décor de dragons, fruits et fleurs sur fond blanc. Socle en bois.

Diam., 14 cent.

Vente Lafaulotte.

185 — Brûle-parfums rectangulaire, avec son couvercle, en ancien émail cloisonné de la Chine, orné de motifs irréguliers sur fond bleu ; bouton de couvercle, anses, arêtes saillantes et pieds réservés en bronze doré. Socle en bois.

Hauteur totale. 20 cent.; larg. 9 cent.

186 — Boîte lenticulaire en émail cloisonné de la Chine, à décor de fleurs et arbustes fleuris.

(Vente Lafaulotte.)

187 — Petit vase quadrilatéral en ancien émail cloisonné de la Chine : rinceaux sur fond bleu. Socle en bois.

188 — Deux petits plateaux lobés en ancien émail cloisonné de la Chine, à décor d'attributs et caractères d'écriture sur fond bleu.

189 — Petit groupe japonais en ivoire : guerriers.

190 — Petit groupe japonais en ivoire : personnage et enfants.

191 — Netzuké en ivoire : personnage debout.

192 — Netzuké en ivoire : fruits.

193 — Netzuké en ivoire : chien de Fô.

194 — Pitong en ivoire sculpté, à décor de paysages animés. Socle en bois laqué. Travail japonais.

Haut., 50 cent.

195 — Plateau à bords contournés en ivoire, simulant une feuille d'eau. Japon.

196 — Bol avec couvercle en ivoire sculpté, à décor de branchages. Ancien travail chinois.

(Vente Lafaulotte.)

197 — Bas-relief en ivoire : la fuite en Égypte. Travail chinois.

(Vente Lafaulotte.)

198 — Deux étuis plats en ivoire sculpté, à décor de paysages animés. Chine.

199 — Boîte ronde et évidée au centre, en ivoire ajouré, sculpté et partiellement peint, à décor de fruits, fleurs, chauve-souris et quadrillés. Travail chinois.

200 — Boîte plate légèrement cintrée en écaille sculptée, à décor de personnages. Chine.

201 — Boîte ronde en écaille sculptée : paysage animé. Chine.

202 — Boîte lenticulaire, en laque du Japon, décorée de feuillages laqués or sur fond poudré.

203 — Étui plat en bois de santal : paysages animés. Chine.

204 — Pipe japonaise, en argent, décorée de dragons.

205 — Boîtier de montre en shakoudo. Travail japonais.

206 — Coffret oblong, en filigrane d'argent, à décor d'arabesques. Travail oriental.
(Vente Marquis.)

207 — Bouteille à anse-torsade en ancienne faïence de Perse, à décor de rinceaux fleuris.

208 — Petite tasse à café, en ancienne faïence de Perse, à décor de feuillages émaillés vert, avec zarf en argent émaillé, à fleurettes roses de travail persan également.
(Vente Lafaulotte.)

209 — Deux flacons-tabatières chinois, l'un en verre bleu, l'autre en cristal de roche fumé.

210 — Trois flacons-tabatières variés, en ancienne porcelaine de Chine, l'un marbré, un autre à rinceaux, l'autre à personnages.

211 — Trois pièces : petit flacon, petit vase et petite bouteille en ancienne porcelaine de Chine.

212 — Petit vase émaillé jaune-moutarde craquelé. Chine. Socle en bois.

213 — Vase en forme de grenade à couverte flambée. Chine.

214 — Petite jardinière ronde à couverte flambée. Chine.

215 — Tasse avec couvercle en porcelaine du Japon, décor bleu d'oiseaux.

216 — Deux très petites bouteilles en céramique japonaise, fond marron.

217 à 227 — Environ cinquante assiettes et plats, à décors variés en ancienne porcelaine de la Chine et du Japon.

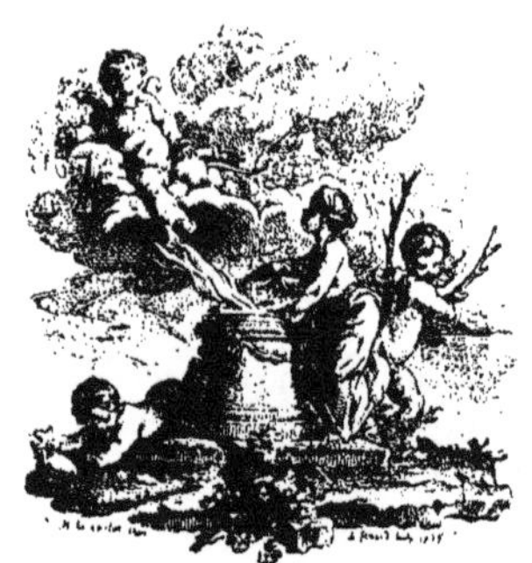